AGENTES DEL REINO

25 PRINCIPIOS Y PERSPECTIVAS DE LIDERAZGO PARA EL OBRERO DE DIOS

VOLUMEN 2

Por David Mayorga

Publicado por

SHABAR PUBLICATIONS
www.shabarpublications.com

Copyright © 2021 by David Mayorga
All rights reserved.

Tabla de Contenido

Capítulo 1: ¡Como Recibir Consejo!........................ 4

Capítulo 2: ¿Quién Te Está Influyendo?..................... 9

Capítulo 3: ¡Un Rango Mas Alto!...........................13

Capítulo 4: ¡El Espíritu del Vencedor!....................... 18

Capítulo 5: ¡Queremos Ver a Jesus!........................ 23

Capítulo 6: ¡Los Milagros No Son Lo Suficiente!...............27

Capítulo 7: ¿Y Que Si LLega la Prueba?.................... 31

Capítulo 8: ¡El Mensaje de Poder!...........................35

Capítulo 9: ¡Acomodando Nuestras Vidas Para Dios!...........39

Capítulo 10: ¡La Verdadera Prueba!......................... 43

Capítulo 11: ¡No es Necesario Molestar al Muerto!............ 48

Capítulo 12: ¡Un Corazón Preparado!....................... 53

Volumen 2

Capítulo 13: ¡Liderando Divinamente!...................... 57

Capítulo 14: ¡Y No Huba Ya Remedio!...................... 61

Capítulo 15: ¿Cual es Tu Motivo Para Servir a Dios?...........66

Capítulo 16: ¡Como Obterner el Favor de Dios................ 71

Capítulo 17: ¡Viendo la Gracia de Dios en Otros!............... 75

Capítulo 18: ¿Que Ambiente Estamos Creando?.............. 79

Capítulo 19: ¡Orando Constantemente!......................83

Capítulo 20: ¡Escudriñando!............................. 87

Capítulo 21: ¡Mas Exactamente!.......................... 91

Capítulo 22: ¡Milagros Extraordinarios!...................... 95

Capítulo 23: ¿Puedes Ver el Fin de Tu Prueba?............... 99

Capítulo 24: ¡Ligado en Espiritu!......................... 103

Capítulo 25: ¡Lágrimas!................................ 107

Información del Ministerio................................112

1

¡Como Recibir Consejo!

"Entonces el rey Roboam pidió consejo de los ancianos que habían estado delante de Salomón su padre cuando vivía, y dijo: ¿Cómo aconsejáis vosotros que responda a este pueblo? Y ellos le hablaron diciendo: Si tú fueres hoy siervo de este pueblo y lo sirvieres, y respondiéndoles buenas palabras les hablares, ellos te servirán para siempre. Pero él dejó el consejo que los ancianos le habían dado, y pidió consejo de los jóvenes que se habían criado con él, y estaban delante de él." (1 Reyes 12:6-8)

Aquí hay una lección para las épocas.

Cuando un líder desea caminar en la voluntad del Padre y permitir que Dios le dirija su ministerio, es importante escuchar la voz de Dios y juntamente con el Espíritu de Dios, a las personas que Dios pone en su camino.

Pueda ser que Dios a traído personas a nuestra vida para dirigirnos durante tiempos difíciles.

Esta es la historia de el Rey Roboam.

Cuidado y Sabiduría

Cuando su Padre Salomón le entrega el reino, Roboam tuvo que tomar varias decisiones que causarían impacto en todo Israel.

Creo firmemente que cada decisión se debe tomar con gran seriedad y mucha consideración. No todas las decisiones tienen gran impacto; pero hay ciertas decisiones de gran consecuencia, que, en mi opinión, deben hacerse con cuidado y con mucha sabiduría.

Consejo de los Ancianos

El consejo de los ancianos siempre será mayor. Los ancianos representan sabiduría. Tal ves no siempre estén al corriente de los tiempos, pero siempre serán mas sabios que los tiempos. Si escuchas la sabiduría de una persona que ha vivido mas tiempo que tu, a logrado mucho mas que tu, ¡y ha visto mas que tu – entonces, escúchales!

Consejo de los Jóvenes

También, tenemos otro grupo de consejeros; los amigos contemporáneos de nuestra juventud. Estas son las personas que siempre nos dan por *nuestro lado*. Sentimos que ellos si nos comprenden y simpatizan con nuestras ideas, pruebas, y decisiones. A la vez, este grupo le falta mucha sabiduría. Ellos todavía viven en un nivel de egoísmo, donde 'primero es la persona' y no 'el principio.' ¡O sea, personas que están enfocadas en sus vidas primero nunca darán buen consejo!

La Consecuencia

Cuando uno no recibe consejo sabio, uno puede caer en algo peor. Consejos dados sin la sabiduría de Dios nos llevan lejos de la voluntad y deseos del Padre Celestial. Hay que siempre estar conscientes de este principio.

Puntos de Impacto

- Cuando tomemos decisiones, siempre es bueno buscar a Dios primero, y luego consejo de un buen mentor.

- Buscar consejo de nuestros amigos es algo bueno, pero no siempre seguro. Hay que comparar lo que recibimos de un buen amigo con la palabra de Dios.

- Nunca tomes decisiones basadas en un capricho.

- Si se tiene que tomar una decisión rápida, tenga por seguro, que esa urgencia no es tan importante como el principio de esperar en Dios.

2

¿Quién Te Está Influyendo?

"Ciertamente no hubo ninguno como Acab que se vendiera para hacer lo malo ante los ojos del SEÑOR, porque Jezabel su mujer lo había incitado." (1 Reyes 21:25)

Que lección tan mas potente para todo seguidor de Cristo y para los que lideran en la obra del Señor.

Permítame enseñarle unos cuantos principios de lo que es liderar bajo la unción de Dios. A veces no es lo que uno cree o lo que uno escucha de otras personas – especialmente los mas apegados a el o ella.

Quiero empezar comentando que todo líder tiene cierta influencia sobre las personas que le siguen y muchas personas son las que aprecian a su líder. Creo que eso sucede automáticamente cuando un líder presta de su tiempo para enseñar o capacitar al seguidor. Hasta este punto, todo esta bien.

El declive empieza cuando ese líder ya no lidera bajo la unción del Espíritu Santo y se deja influir por sus seguidores. La señal de que algo se a perdido en ese líder es cuando el líder tiene que consultar con sus seguidores para saber que hacer con su proyecto o su ministerio, etc.

En el caso de Acab, su esposa Jezabel dirigía mucho de los intereses del rey. Ella estaba siempre al tanto de todo lo que el rey hacia. Aparentemente, el rey parecía ser una persona mas dócil que su esposa Jezabel. Era tan dócil este hombre que ella tenia que incitarlo.

Lo incitaba a romper las leyes de Jehová, lo incitaba a ir contra el concilio de Dios y muchas cosas que producían desorden en la vida de su esposo.

En la obra de Dios, nosotros los lideres estamos rodeados por el espíritu de Jezabel. Este espíritu aparece en forma de manipulación, control, viola los principios de Dios y promueve la rebeldía contra la autoridad de Dios. Cuidado con las personas que llevan este espíritu en ellos. Estas personas casi siempre son las personas mas apegadas a nosotros. ¡Cuidado!

Puntos de Impacto

- ¿Conoces bien a las personas que te rodean?

- Si sientes manipulación o control de tus seguidores, puede que estés siendo dirigido por el espíritu de Jezabel.

- [ ] Si acaso sientes presión externa de actuar rápido, tengo mis dudas que esta sea la voz de Dios.

- [ ] ¡Un buen líder siempre dirige con autoridad, sin dudar!

3

¡Un Rango Mas Alto!

"Y cuando ha sacado fuera sus ovejas, va delante de ellas; y las ovejas le siguen, porque conocen su voz." (San Juan 10:4)

El líder debe dirigir con plena confianza a todo tiempo. Si un líder deja de liderar con confianza en un debido tiempo, su liderazgo estará en peligro de producir duda en los que le siguen.

En esta escritura, el Señor Jesucristo esta dando una descripción de lo que un buen pastor o líder hace con sus ovejas cuando las saca al campo.

Delante de Ellas

La escritura específicamente nos dice que el pastor **"va delante de ellas."** La palabra *delante* significa *ir al frente* (en lugar y en tiempo). También significa "un rango mas alto."

El líder que no puede dirigir desde un "rango mas alto," no será un buen líder.

Mis amigos, así es como se presta la idea para que otra persona a veces quiera revelarse contra su líder. Cuando los seguidores sienten que no los están guiando, ellos empiezan a buscar por otro lado.

Yo creo que muchas de las veces, la rebeldía que se manifiesta en lugares de trabajo, ministerio y también en familias – es por falta de un líder que dirija desde un "rango mas algo."

Liderar No Es Fácil

Liderar es un poco mas complicado de lo que unos creen. El líder lleva gran responsabilidad sobre el. Los seguidores solo siguen; pero el líder debe vivir siempre preparado para toda situación que se presente.

Este tipo de oportunidades que Dios nos da para probar nuestro liderazgo, se nos presentará muchas veces en nuestras vidas. El resultado de una buena decisión nos dará credibilidad para seguir o tal vez, no seguir.

La Ovejas Siguen

Las ovejas están preparadas para seguir a su pastor siempre y cuando el las diriga con confianza. Si un líder esta inseguro de su propia capacidad en liderar, esto se manifestará en formas que provocarán a los seguidores que dejen de escuchar la voz de su líder.

Es aquí donde la confusión y los malentendidos suceden. Si acaso eres líder, hazlo con plena confianza y seguridad. Esta es la única forma de ser eficiente y eficaz con todo lo que hagas.

Puntos de Impacto

- Como líder, siempre hazlo sabiendo que estas en un "rango mas alto." Nunca dudes de esto.

- Nunca entregues tu liderazgo a las manos de otra persona simplemente por que no sabes que hacer. Esto te descalificará de tu puesto inconscientemente.

- Como líder debes de sacrificar mas que tus seguidores. Esto incluye estudiar mas, pensar mas y hacer mas.

- Si tu jefe te pide que tomes un puesto de líder, piénsalo bien. Cuenta el costo antes de tomar la posición. ¡No vaya a ser que termines en vergüenza por falta de confianza!

4

¡El Espíritu del Vencedor!

"Jesús le dijo: «Yo soy la resurrección y la vida; el que cree en mí, aunque esté muerto, vivirá." (San Juan 11:25)

Cuando se habla de temas como el desánimo o el cansancio, muchos buscan reposo en un lugar fuera de la ciudad u otro ambiente donde *el paso* sea mas lento. Creo que muchos ya hemos echo esto.

Yo, en lo personal, he visto esto en mi propia vida. A veces he compartido con otros lideres o pastores mi sentir en cuanto al desánimo.

Muchos que le sirven a Dios han pasado por grandes pruebas que han producido gran desánimo.

Estos desánimos son tan potentes que mucho se desvían de la fe y dejan el llamado de Dios. Esto le puede pasar a cualquier siervo noble de Dios, si no se prepara para temporadas difíciles en el ministerio.

El Único Lugar Donde Encontrar Vida

Algo muy importante que he llegado a conocer en mi servicio al Señor: El desánimo llega cuando nuestra visión de Jesucristo se nubla. Cuando el Señor Jesús no es el centro de nuestro ser – entonces algo mas, tomará el lugar de Dios.

¿Cuales son esas cosas que llegan y producen desánimo y cansancio?

Obrando en nuestras propias fuerzas. Algo que he visto y también lo he estudiado, es que muchas veces obramos en nuestras propias fuerzas. Usamos nuestra inteligencia y nuestra técnica y habilidades para cumplir la obra de Dios – con el fin de lograr algo que nos de a nosotros la gloria y no a Dios. Esto es muy desgastante a nuestra persona.

Obrando con nuestras propias ideas. Otra cosa que nos trae desánimo es que obramos con ideas que *no* nacieron del Espíritu de Dios. Nacieron en nuestra propia mente y ponemos expectativas que nos esclavizan. Al no cumplir lo dicho, el desánimo llega y nos derriba!

Obrando con motivos impuros. Creo que la cuestión de motivos impuros, es una de las mas grandes pruebas que encontraremos en nuestro servicio para con Dios.

Motivos impuros es sinónimo a la idea de mentirnos a nosotros mismos que lo que hacemos lo estamos haciendo para Dios – pero la verdad es que, estamos haciendo la obra para engrandecernos a nosotros mismos.

Obrando con pecado en nuestros corazones. Finalmente, el desánimo llega a veces porque estamos ministrando con pecado escondido en nuestros corazones. Esto es muy cansado para el alma del hombre. Si no hay arrepentimiento, esto nos llevará al voladero.

Jesús es la resurrección hoy y para siempre! En El podemos encontrar la vida que tanto necesitamos para seguir viviendo y sirviendo eficazmente. ¡Solo en Jesus encontraremos el poder contra el desánimo!

Puntos de Impacto

☐ ¿Estas pasando por desánimos últimamente?

☐ ¿Has evaluado las razones porque a llegado este desanimo a tu vida?

☐ ¿Te has preguntado si tu visión de Cristo esta nublada?

☐ ¿Tiempo en el lugar secreto con un corazón humilde siempre te traerá buenos resultados para tu vida espiritual.

5

¡Queremos Ver a Jesús!

"Y había unos griegos entre los que subían a adorar en la fiesta; estos, pues, fueron a Felipe, que era de Betsaida de Galilea, y le rogaban, diciendo: Señor, queremos ver a Jesús." (San Juan 12:20-21)

Algo que siempre e podido reconocer dentro de la obra del Señor Jesucristo, es que el tema de todo lo que hacemos para Dios se debe tratar de Jesucristo el Señor de Señores.

Cristo es la razón por la que trabajamos para Dios. Cristo es la luz y la vida del hombre. Aparte de El, no hay otro nombre mas importante para todo siervo de Dios.

En las escrituras que acabo de mencionar, unos griegos habían llegado a la fiesta para adorar, y al estar ahí, supieron que Jesucristo estaba por ahí. Encontraron a Felipe y **"le rogaban, diciendo: Señor, queremos ver a Jesús."**

¿Que significa esto?

Esto significaba que había algo mas importante que encontrar en esta fiesta, era la persona de Jesús; era al hijo de Dios. Tal vez las comidas estaban deliciosas; tal vez los cantos eran hermosos; ¡es muy posible que todos los eventos eran muy especiales – pero nada mas importante que conocer al Señor Jesucristo!

El Ministerio No Se Trata de Nuestro Ministerio

Mis amados siervos de Dios – debemos entender que todo talento, todo don espiritual, toda habilidad para servir a Dios, por tan grande y especial que fuera – no debe substituir por la persona de Jesucristo. Jesús es el único que debe brillar!

Yo he visto en muchos ministerios como los dones cubren la gloria de Dios, o sea a Jesús. Jesús no es el Rey en muchas congregaciones; Jesús no es esa persona que Dios el Padre envió. Lo escondemos dentro de nuestras ideas ministeriales; dentro de nuestros ritos y tradiciones.

¡Mis amados amigos – Jesús es la gloria de Dios! El mundo quiere ver a Jesús, no a nosotros. ¡Hay que menguar para que Jesús aumente!

Puntos de Impacto

- ¿Cuándo ministras, que es lo que la gente ve? ¿A ti o a Jesucristo?

- Seducir la novia de Dios (la iglesia) con nuestros dones, nos traerá grandes consecuencias.

- ¿Cuándo Dios usa tu vida para ministrar – reconoces que es Dios el que esta obrando y no tu?

- Menguar es una actitud de corazón. ¿Estas viviendo bajo esta unción?

6

¡Los Milagros No Son Lo Suficiente!

"Pero a pesar de que había hecho tantas señales delante de ellos, no creían en él..." (San Juan 12:37)

Un ministerio diseñado para hacer los milagros de Dios necesita un buen balance de estudio bíblico.

No hay nada que substituya la enseñanza de la Palabra de Dios. Creo que a veces muchos siervos de Dios se dejan llevar por los milagros y terminan en un naufragio espiritual en sus vidas y ministerios.

Debemos creer que nuestro Dios todavía hace obras milagrosas, pero también a la vez, seria de suma importancia que hubiera enseñanza balanceada en la Palabra de Dios.

Hace unos años, conocí a un pastor y nos hicimos buenos amigos. Su ministerio era poderoso en que milagros sucedían en cada culto.

La gente que llegaba a su iglesia, estaban deleitadas por las maravillas que sucedían en cada servicio. ¡Sanidad tras sanidad era la orden del día!

En una ocasión mientras platicábamos, le comenté, ¿"Cuando vas a discipular a estos nuevos creyentes? El me contesto, "No es necesario. Mi iglesia está bien apegada a Jesucristo por todos los milagros que el esta haciendo en sus vidas." Luego le comenté, "Los milagros son pasajeros. Tu iglesia va a necesitar cimiento para las tormentas que vienen a sus vidas cuando Dios decida probarles la fe."

Nuestra platica no termino muy bien, pues se molesto conmigo.

Después de un par de anos, me volví a encontrar a este amigo, y me dijo, *"David, sabes que tenias razón. La gente de mi iglesia no terminó la carrera de fe. Las pruebas llegaron y ellos no pudieron sobresalir las pruebas. Ya no asisten a mi iglesia y lo dudo si están caminando con Dios."*

Hermanos, esta es la realidad de la vida de fe. Los milagros no substituyen un buen discipulado y enseñanza en la Palabra de Dios.

Esto se puede ver en los según "seguidores" de Cristo. Muchos vieron y experimentaron el toque de Dios, **"...pero a pesar de que había hecho tantas señales delante de ellos, ¡no creían en él!"**

Puntos de Impacto

- Los milagros son excusas que Dios le da al hombre para creer en El.

- Después de un buen despertamiento espiritual, uno debe crecer en la fe. Esto empieza con un buen discipulado en lo que es caminar con Dios.

- Siempre hay que mantener un balance de milagros y enseñanza.

- No hay ninguna sustitución por la Palabra de Dios.

7

¿Y Qué Si Llega La Prueba?

"Trae, cuando vengas, el capote que dejé en Troas en casa de Carpo, y los libros, mayormente los pergaminos." (2 Timoteo 4:13)

El camino del que sirve a Dios no es un camino de fama, de estatus, ni de reconocimiento. Es mas, el camino de todo verdadero siervo del Señor es difícil, sufrido, y lleno de muchas experiencias de quebranto personal. ¿Tal ves esta es la razón por la cual muchos deciden no seguir a Jesucristo con todo su corazón?

Cualquier persona que se atreva a servir a Dios con todo corazón, se encontrará con muchos obstáculos. Escuche lo que dijo Pablo en otra escritura: "**Y también todos los que quieren vivir piadosamente en Cristo Jesús padecerán persecución...**" (2 Timoteo 3:12)

El Apóstol Pablo fue uno de estos siervos de Dios. Es obvio que, al leer sus cartas pastorales, este hombre nunca vió días lentos, favorables y cómodos. ¿Y que hace un hombre con un corazón lleno de fuego cuando cosas negativas le suceden? ¿Se da por vencido? ¿Corre a esconderse? ¿Se encierra en una cueva? ¡Claro que no! Uno debe perseverar hasta el fin de su tarea.

Durante el tiempo de este escrito en 2 de Timoteo, el Apóstol Pablo esta encarcelado. ¡Cualquier persona estuviera tal ves lamentando su situación, pero no este gran apóstol!

El Apóstol Pablo entendía la gran responsabilidad que tenia hacia la iglesia del Señor y por esa razón solamente, el seguía en la lucha. ¡Se que muchos se hubieran dado por vencido, pero no Pablo!

¡Durante estos tiempos de invierno, Pablo tenía frio – obvio! Si usted puede ver que Pablo manda a pedir su capote y no solamente eso, pero también sus pergaminos.

Aquí podemos ver dos cosas: la vida externa y la vida interna en acción.

Pablo tenía frio claro, pero el no dejó que las circunstancias detuvieran su ministerio de escribir. El todavía perseveraba, aunque las cosas se veían casi imposible dentro de una cárcel y con frio.

Cuando hay fuego en nuestro ser, no hay nada que nos pueda detener. Amen.

Puntos de Impacto

- ¿Has entregado todo tu llamado a Dios?

- ¿Estas caminando con Dios al nivel mas alto que El te está pidiendo?

- ¿Cuándo las pruebas llegan a tu vida, te das por vencido y ya no quieres terminar la carrera?

- La perseverancia es una característica necesaria para todo líder.

8

¡El Mensaje de Poder!

"Yo les he dicho estas cosas para que en mí hallen paz. En este mundo afrontarán aflicciones, pero ¡anímense! Yo he vencido al mundo." (San Juan 16:33)

La realidad del mundo donde vivimos, es que no cabe duda de que es un mundo lleno de aflicciones. Todos sabemos que todo puede cambiar de repente con solo una llamada telefónica, o un mensaje de que un ser querido acaba de morir, etc. Nadie estamos exento del dolor que pueda llegar a nuestras vidas o en la vida de familiares.

Estas son las realidades dentro del mundo en el que vivimos. Aflicciones sociales, económicas, mentales y espirituales nos rodean a todo tiempo. El querer vivir una vida libre de estas angustias seria imposible – pero Jesucristo hace una promesa. ¿Cual es esa promesa? ¡La promesa es que El ha "vencido al mundo!"

Como siervos y ministros de un nuevo pacto, el mensaje para toda persona afligida seria el mismo, ¡"Jesucristo a vencido al mundo!"

Es mi convicción de creerle a Jesucristo en lo que el nos enseñó. La garantía de que Dios nos llena con poder si clamamos a El, es la realidad.

En mi corto tiempo de ministrar a las necesidades de muchos, es traer a esa persona a la realización que Cristo a vencido al mundo.

¡El hecho de que Cristo vive dentro de nosotros, nos da la misma autoridad de vivir en victoria sobre toda angustia!

Jesucristo dijo, **"En este mundo afrontarán aflicciones…"**

Mis amados siervos de Dios, cuando ministremos en el nombre del Señor, nuestro deber es de enseñar a todo creyente la verdad de que el Cristo que vive dentro de nosotros, es mayor que cualquier cosa negativa que se encuentre en el mundo. Tenemos que saber navegar cuando las angustias nos lleguen. No solo navegar cuando lleguen, pero hasta que pase "la tormenta."

El mensaje de poder es que Cristo a vencido al mundo. Es, detrás de El, que nos escondemos y no detrás de nuestras propias fuerzas.

Punto de Impacto

- El punto de las aflicciones es de producir paciencia en nosotros.

☐ El reto de ministrar a personas es de enseñarles que Dios esta obrando internamente en ellos - no siempre se siente o se ve lo que Dios hace, pero ten por seguro, que ¡Dios esta obrando!

☐ Lo difícil de una prueba no es salir de ella, pero aprender la enseñanza primero.

☐ ¡El mensaje de poder es, "Jesucristo ha vencido al mundo!"

9

¡Acomodando Nuestras Vidas Para El Mover de Dios!

"Porque cuatro principales de los porteros levitas estaban en el oficio, y tenían a su cargo las cámaras y los tesoros de la casa de Dios. **Estos moraban alrededor de la casa de Dios, porque tenían el cargo de guardarla, y de abrirla todas las mañanas.**" (1 Crónicas 9:26-27)

Al leer este pasaje, me di cuenta de algo que hace muchos años, mi padre espiritual me enseñó en cuanto al servicio de Dios.

Mi pastor me enseñó la importancia de la responsabilidad y también lo que significaba servir fielmente a Dios.

En este pasaje, encontramos que los encargados de los porteros eran levitas y que, en el servicio hacia Dios, se iba a requerir disciplina.

Cambios En Nuestra Vida Para Acomodar a Dios

Algo que se me quedó muy grabado en mis estudios durante mis años preparativos para el ministerio - fue que si Dios nos llama a Su servicio, esto no va a ser algo fácil. Al contrario, uno debe de realinear su vida personal, a modo de que pueda acomodar el mover de Dios.

Si uno no puede acomodar el mover de Dios dentro de una agenda personal, el mover de Dios no funcionará en su plenitud. En el servicio a Dios uno no puede andar escogiendo que es mas conveniente. El servicio a Dios no es llamado para la persona débil. El que desee seguir a Dios, que tome su cruz y se vaya en pos de El.

¡Realineamiento!

Realineando nuestras vidas a la orden de Dios es necesario para mantenernos al paso con Dios. Esto nace en el corazón de la persona que desea ser responsable. La escritura dice, **"Estos moraban alrededor de la casa de Dios, porque tenían el cargo de guardarla, y de abrirla todas las mañanas."** Como usted puede ver, los levitas **"moraban alrededor de la casa de Dios, ¡porque tenían el cargo!"**

Cuando tenemos cargo, cuando tenemos tarea – no tenemos tiempo para jugar juegos, no hay tiempo para vacilar, etc. El cargo nos llevará a la responsabilidad y la responsabilidad nos llevar al cargo.

Punto de Impacto

☐ ¿Te consideras una persona responsable?

☐ ¿Has hecho arreglos a tu forma de vivir para acomodar el mover de Dios en ti?

☐ El que desee seguir a Dios debe llevar su cruz diariamente.

☐ ¿Cual es la tarea que Dios te dio la semana pasada? ¿Ya la cumpliste?

10

¡La Verdadera Prueba!

"Oyendo los filisteos que David había sido ungido rey sobre todo Israel, subieron todos los filisteos en busca de David. Y cuando David lo oyó, salió contra ellos. Y vinieron los filisteos, y se extendieron por el valle de Refaim. Entonces David consultó a Dios, diciendo: ¿Subiré contra los filisteos? ¿Los entregarás en mi mano? Y Jehová le dijo: Sube, porque yo los entregaré en tus manos." (1 Crónicas 14:8-10)

Creo que en nuestro caminar con Dios, todos hemos experiementado lo que es tomar decisiones sin consultar a Dios y hemos pagado grandes consecuencias por falta de no saber lo que Dios nos pide.

También quiero agregar que nosotros como seres humanos, a veces queremos vivir para con Dios en nuestras propias fuerzas y lograr lo que Dios pide en la carne. ¡Mis amados, esto no funciona! ¡El que vive por la carne, morirá por la carne! De esto me he dado cuenta una y otra vez.

Rey Puesto a Prueba

Nos dicen las Escrituras que David fue ungido rey sobre todo Israel; después los filisteos se fueron en búsqueda de el. Hermanos, esto es el clásico mover de Dios en la vida de sus siervos. Cuando pasamos a un grado de promoción o subimos mas alto en Dios – sepa que una prueba nos espera.

Estemos preparados o no, la prueba nos revelará el tipo de fe que tenemos. La prueba expondrá el tipo de carácter que llevamos dentro.

¿Cual Fue La Prueba?

¿Me pregunto al leer estas Escrituras, cual fue la prueba? ¿Acaso fue el ataque de los filisteos? ¡Claro que no! La prueba no es la circunstancia que nos llega. La prueba siempre resta en como nos vemos nosotros delante de Dios.

Si nuestra postura es de humildad, consultaremos a Dios; si somos personas que tendemos a ser autosuficientes, el orgullo nos dominará y no encontraremos gracia para la batalla. Es mas, Santiago nos dice: **"Pero él da mayor gracia. Por esto dice: Dios resiste a los soberbios, y da gracia a los humildes."** (Santiago 4:6)

David no se lleno de soberbia; David busco y consulto a Dios para esta batalla y Dios le dio consejo y seguridad de que pasos tomar. Dios nos ayude en nuestro caminar siempre.

Puntos de Impacto

- ¿Reconoces cuando Dios te esta probando para saber si de verdad lo necesitas o no?

- Humildad es la gran clave para llamar la atención a Dios.

- Soberbia significa un sentir profundo, placer o satisfacción como resultado de los propios logros, cualidades o posesiones o de alguien con quien uno está estrechamente asociado.

- ¿Cuando fue la ultima vez que evaluaste si hay soberbia en tu propio corazón?

- Humildad significa *consultar* a Dios primero en todo.

11

¡No Es Necesario Molestar al Muerto!

"Y habiéndolos puesto en medio de ellos, les interrogaban: ¿Con qué poder, o en qué nombre, habéis hecho esto?" (Hechos 4:7)

En el ministerio del Señor, algo que se puede ver muy claro, es el hecho de que cuando hay cualquier tipo de avance en la obra, el enemigo es rápido para notarlo y hacer todo lo posible para silenciar lo que Dios esta manifestando. Hay razones porque el enemigo ataca a unas personas mas que a otras. ¡Claro que lo hay!

Esto se puede ver a través de la historia de nuestros antepasados y también en la iglesia primitiva. Siempre que había avance, también había persecución. Debemos siempre guardar esto en mente.

En mis estudios de la historia de la iglesia, descubrí que muchos pagaron un gran precioso por avanzar el propósito de Dios en la tierra – empezando con nuestro Señor Jesús.

El Avance Tiene Precio

El ejemplo que deseo compartir en esta devoción, tiene que ver con el avance y el intento del enemigo en querer detener a los discípulos durante los tiempos cuando la iglesia primero daba inicio.

Cuando hay movimiento de Dios en cualquier sociedad y en cualquier tiempo, siempre será retado por ataques del enemigo. Cuando no hay movimiento – es obvio que el enemigo no da contras. ¡O sea, no es necesario detener a un muerto!

He visto a través de los años, que el mensaje de la resurrección es el mensaje mas poderoso que hay. El dar a una persona atada (al pecado, a sus circunstancias, etc.) la llave de escape, es lo que el enemigo odia mas y ataca mas a todos los que promueven una nueva vida y esperanza en Dios.

Si me escuchas hoy y tu eres uno de los pocos que comparten el mensaje de la resurrección – entonces tienes que estar atento a los ataques del enemigo. No puedes vivir una vida ofendida o una vida descuidada y negligente.

El enemigo tiene en mente dos preguntas para nosotros los que ministramos en Su nombre:

1) ¿Con que poder, hacemos lo que hacemos?

2) ¿O en que nombre, hacemos lo que hacemos?

Mis amados, sabemos que es de parte de nuestro Señor Jesucristo que hacemos las obras de Dios. Creo que a veces el enemigo quiere intimidarnos, pero debemos permanecer firmes en nuestra convicción.

¡La obra de Dios es y siempre será, para el avance del reino de nuestro Rey Jesucristo! Amen.

Puntos de Impacto

- ¿Cual es el mensaje que predicas?

- ¿Has recibido ataques del enemigo por causa del evangelio?

- ¿Como has tratado con tu prueba?

☐ Siempre guarda tu corazón de la amargura.

12

¡Un Corazón Preparado!

"**E hizo lo malo, porque no dispuso su corazón para buscar a Jehová.**" (2 Crónicas 12:14)

Cuando hacemos cambios en nuestras vidas, algo que yo he notado es que usualmente las personas se preparan para los cambios que lleguen. A veces los cambios son fuertes y nos traen gran consecuencia; pero a veces los cambios son leves, y no se toma mucho para adaptarnos a ellos.

Algo es seguro en cuanto a cambios – uno debe prepararse para todo tipo de cambio que llegue a nuestras vidas. Sean los cambios a nosotros como persona, o en nuestra familia, trabajo o ministerio – una cierta preparación se debe llevar a cabo.

En esta devoción, quiero hablar un poco del Rey Roboam. Este era hijo del Rey Salomón y muy capaz de liderar al pueblo de Dios. La Biblia nos enseña que este hombre tomo el reino de Israel a los 41 años y fue muy prosperado.

Dentro de todos sus logros, como sucede regularmente, el Rey Roboam no hizo los preparativos adecuados como para experimentar la bendición de Dios y tropezó. ¿Es posible que un hombre o una mujer de Dios tropiece? ¡La respuesta es obvia – claro que si es posible!

La escritura es muy clara en decirnos sobre esta experiencia en la vida de Roboam. La Palabra de Dios dice así: [Roboam] hizo lo malo, porque no dispuso su corazón para buscar a Jehovah."

Mis hermanos, creo que aquí se encuentra el secreto de porque los siervos de Dios fallan en la misión que Dios les da. El simple echo de no preparar el corazón para buscar a Dios, es lo suficiente impactante que la consecuencia de no hacerlo, ¡puede ser muy costosa!

El reinado de Roboam sufrió en grande por el simple echo de no preparar su corazón para buscar a Dios. Tal ves todos los preparativos para ser un buen líder de un reino ya estaban inculcados, pero no para buscar a Dios. Consecuentemente, esto trajo a este rey a la destrucción.

Puntos de Impacto

- ¿Estás haciendo preparativos para impactar al mundo?
 ¿Cuales son los preparativos que estas haciendo?

- Sea la vida personal, ministerial o negocio, siempre es bueno guardar un tiempo para platicar con Dios.

- La búsqueda de Dios debe ser intencional. Debemos hacer el esfuerzo de encontrarnos con Dios diariamente.

- La vida de oración es una vida de disciplina. Tu escoges el tiempo y la hora para buscar el rostro y corazón de Dios.

13

¡Liderando Divinamente!

"Por aquellos días, al multiplicarse el número de los discípulos, surgió una queja de parte de los judíos helenistas en contra de los judíos nativos, porque sus viudas eran desatendidas en la distribución diaria de los alimentos. Entonces los doce convocaron a la congregación de los discípulos, y dijeron: «No es conveniente que nosotros descuidemos la palabra de Dios para servir mesas. Por tanto, hermanos, escojan de entre ustedes siete hombres de buena reputación, llenos del Espíritu Santo y de sabiduría, a quienes podamos encargar esta tarea. Y nosotros nos entregaremos a la oración y al ministerio de la palabra». Lo propuesto tuvo la aprobación de toda la congregación, y escogieron a Esteban, un hombre lleno de fe y del Espíritu Santo, y a

Felipe, a Prócoro, a Nicanor, a Timón, a Parmenas y a Nicolás, un prosélito de Antioquía." (Hechos 6:1-5)

El ministerio del Señor es una institución como ninguna. El ministerio se maneja con otra idea muy diferente a la del mundo. Muchos han echo el intento de aplicar principios mundanos a la obra del Señor. Esto nos lleva a una serie de preguntas . . .

¿Funcionan los Principios e Ideas del Mundo en la Iglesia?

Los principios de negocios, principios de liderazgo, o principios del desarrollo personal – todos, están basados en principios bíblicos. Esto si es verdad. El simple hecho de que estos principios han sido tomados de la Biblia, no garantiza el éxito. Hay otros elementos que se tienen que tomar en cuenta antes de ver el éxito.

El principio Bíblico no es automático; el principio tiene que ser puesto por obra con la fe de Dios. Si uno cree que, usando los principios de Dios para sus propias ambiciones, el siervo de Dios se encontrará con una gran sorpresa. ¿Cual es la sorpresa? La sorpresa es que se encontrará con un obstáculo fuerte llamado la carne.

Muchos piensan que por ser inteligentes y saber mas que los demás, es motivo para liderar. Deje le digo: ¡Esta es la trampa mas grande para todo creyente! El único que puede liderar gubernamental- mente, es el líder que Dios a ungido.

La inteligencia es buena, pero no substituye la unción de Dios en el siervo. En el caso de la expansión del ministerio en la iglesia pri- maria, los apóstoles pusieron la orden divina en acción: **"Por tanto, hermanos, escojan de entre ustedes siete hombres de buena rep- utación, llenos del Espíritu Santo y de sabiduría…"**

Hermanos, seriamos muy sabios si ponemos por obra este principio la próxima vez que escojamos obreros. Por tan pequeño e insignificante creamos que es la posición – siempre es bueno y prudente seguir la órden de los apóstoles.

Puntos de Impacto

☐ Siempre hay que buscar lideres llenos del Espíritu Santo.

☐ Nunca se deslumbre por el talento de los hombres.

☐ En liderazgo, hay que primero escoger la persona basándonos en carácter sobre el talento.

☐ El líder verdadero nunca busca posición. Es mas, el líder verdadero siempre tiende a esconderse de posiciones de liderazgo.

14

¡Y No Hubo Ya Remedio!

"**Y Jehová el Dios de sus padres envió constantemente palabra a ellos por medio de sus mensajeros, porque él tenía misericordia de su pueblo y de su habitación. Mas ellos hacían escarnio de los mensajeros de Dios, y menospreciaban sus palabras, burlándose de sus profetas, hasta que subió la ira de Jehová contra su pueblo, y no hubo ya remedio.**" (2 Crónicas 36:15, 16)

Aquí encontramos algo muy interesante en cuanto al tiempo de juicio de Dios sobre Su pueblo.

A veces nosotros Sus siervos pensamos que Dios no trae juicio o que Dios tal ves no pone atención a la desobediencia. Hermanos míos, esto no es verdad; Dios siempre esta al tanto de nosotros y no dejará pasar nada que nos traiga daño.

Dios es Paciente

La Biblia nos habla de que Dios, "**envió constantemente palabra,**" a Su pueblo. Y luego dice que esto lo hizo, "**porque tenia misericordia de su pueblo.**"

¿Deje le pregunto a usted cuantas veces Dios le a mostrado misericordia? Es obvio que Dios es paciente cuando trata con nosotros. ¿Me he hecho la pregunta yo, "Hasta cuando deja Dios de ser paciente?" "¿Tiene fin su paciencia?" Yo creo que a Dios se la acaba la paciencia cuando la rebeldía empieza a causar daño a la persona, al pueblo, o a una nación.

Sabemos que Dios es paciente y que Su ira es lenta en llegar. Ahora, cuando Dios demuestra interés a Su pueblo y Su pueblo no toma en cuenta lo que Dios esta diciendo, ¡Jehová obrara en a la manera mas severa!

¡Nadie Se Burla de Jehová!

Cuando Su pueblo demuestra escarnio, desprecio, y burla hacia Su palabra, no queda mas remedio, mas que actuar en formas que llamen la atención a Su siervo o Su pueblo.

Como líder del Señor, uno siempre debe mantener estos puntos bien claros. Dios no será despreciado ni tampoco nadie se burlará de El.

Si por alguna razón Dios esta llamando la atención, hay que poner atención inmediatamente y corregir los hechos que no le agraden a

El.

Ahora bien, si nosotros como Sus siervos no tomamos acción hacia lo correcto, la paciencia de Dios se puede acabar hacia nosotros y Dios nos permitirá pasar por una gran vergüenza.

A mi no me cabe duda de que esto llegue a cualquier persona que resista al Espíritu Santo.

Puntos de Impacto

- La corrección de Dios es enviada por diferentes métodos: Su palabra, Su profeta, situaciones y aflicciones personales o el Espíritu Santo.

- Si sabes que hay rebeldía en tu corazón, has lo posible

por alinear tu corazón con el Espíritu Santo.

- ¡No todas las pruebas provienen de Satanás – a veces Dios las permite!

- Una vez mas, el líder debe caminar en humildad y un corazón quebrantado siempre.

15

¿Cual Es Tu Motivo Para Servir a Dios?

"Entonces se levantaron los jefes de las casas paternas de Judá y de Benjamín, y los sacerdotes y levitas, todos aquellos cuyo espíritu despertó Dios para subir a edificar la casa de Jehová, la cual está en Jerusalén. (Esdras 1:5)

En el liderazgo de la iglesia, uno como líder, siempre se encuentra con un reto muy conocido. Esto reto es el de levantar obreros que ayuden con la obra de Dios. Esto parece y suena muy fácil, pero la realidad es que no es fácil. Es mas, es tan difícil que a veces el único que se queda haciendo el trabajo, es el pastor nada mas.

¿Porque Tan Poca Inspiración Para Servir?

Trabajando entre los obreros cristianos por mas de treinta años, he visto que no todas las personas tienen la disposición para servir.

Hay personas que están contentos con el simple hecho de asistir, dar sus ofrendas y nada mas.

Hay unos que piensan que dando su diezmo es como paga al pastor para que el haga la obra de Dios. Esta y muchas ideas mas fluyen dentro de la viña del Señor por falta de enseñanza.

Si me permite, deje doy unos puntos claves de ciertas motivaciones de porque personas sirven a Dios.

1. Sirviendo a Dios por compromiso. A veces los miembros de una iglesia sienten la necesidad de ayudar por el simple hecho de que ahí se congregan. Lo hacen por motivos de vergüenza, temor a liderazgo, o querer verse bien delante de otros miembros. Usualmente, esta forma de servir es al hombre y no a Dios.

`2. Sirviendo a Dios por tenerle miedo a Dios. Esto también lo he visto donde el miembro sirve a Dios por razones de miedo. Sienten la presión de que, si no ayudan, Dios los va a castigar. Esto forma de servir, tampoco es saludable.

3. Sirviendo a Dios por que Ves la Necesidad. En muchas ocasiones, surgen necesidades en la iglesia o en la vida de una persona. La reacción de personas a veces es de ayudar para traer alivio a la situación. Esto esta bien, siempre y cuando uno lo haga sin esperar nada a cambio. Si hacemos algo para alguien y luego esperamos recompensa o pago, la posibilidad de que quedes desilusionado es grande.

4. Sirviendo a Dios porque Dios te lo ha revelado a través de Su Espiritu Santo. Esta forma de servir es tal ves una de las mas potentes ya que este es un compromiso entre Dios y la persona. Esto se hace con la motivación de agradar al Padre Celestial y no quedar bien con los hombres. Esto se hace con la intención de ser extensión de la mano de Dios en la tierra y no interés propio.

Estas diferentes actitudes he visto a través de los años y las cuatro formas están siempre presentes.

Como líder de ministerio, debemos liderar con mucha sabiduría y cuidado.

Puntos de Impacto

- ¿Cual es tu motivación para servir a Dios?

- ¿Te has visto dentro de estas diferentes actitudes de servir?

- ¿Has visto necesidades y has ayudado?

- ¿Has visto la posibilidad de servir y traer una gran bendición, pero no lo hiciste? ¿Por que razón no lo hiciste?

16

Como Obtener el Favor de Dios

"La mano de nuestro Dios es para bien sobre todos los que le buscan; mas su poder y su furor contra todos los que le abandonan." (Esdras 8:22)

He aquí una de las reglas mas importantes para todo siervo de Dios – la oración que nos trae el favor de Dios.

¿Que es el favor de Dios? El favor de Dios es el saber que lo que estamos haciendo esta adentro de Su perfecta voluntad. El sentir es que no hay culpa, no hay vergüenza, no hay conflicto con el Espíritu Santo. Para mi esto es el favor de Dios.

Ahora bien, ¿que nos trae a este lugar o que nos pone en esta posición divina? Yo creo que cuando pasamos tiempo con Dios en el lugar secreto, el siervo de Dios encontrará el alineamiento con Dios, o sea, lo que debemos hacer, como hacerlo, y cuando.

La escritura que estoy usando es una perfecta declaración de lo que Dios hará con todo aquel que busque de El. Encontramos dirección divina de Dios cuando le buscamos; esto nos alinea con toda Su intención.

¡Nunca Abandones a Dios!

Creo que este punto es obvio, aunque muchas veces nos alejamos del liderazgo de Dios. Las razones tal ves no son tan buenas, pero de todos modos lo hacemos. Esto siempre nos trae a la corrupción, confusión y caos. Yo creo que cuando nos dámos a los pensamientos propios de la carne, abortamos los planes que Dios tiene.

Otra cosa que veo de suma importancia es que el siervo de Dios debe siempre ordenar su vida delante de Dios.

Tomándose el tiempo para orar y ayunar y consagrar su corazón *diariamente* delante de Dios – debe ser la orden principal. Después de esto, el siervo debe entrar en estudio en la Palabra de Dios y permitir que Dios lo dirija con Su sabiduría.

Estoy convencido que cuando un siervo practica estos simple principios, todo le saldrá bien en su vida personal, matrimonial y ministerial.

Puntos de Impacto

- ¿Has experimentado el favor de Dios en tu vida? ¿Tu familia? ¿Tu ministerio?

- ¿Has experimentado el desagrado de Dios en tu vida?

- La oración es la mejor postura para escuchar las intenciones de Dios.

- El sabio tomará el tiempo para buscar a Dios con todo su corazón.

- Buscar a Dios por la madrugada es mi recomendación.

17

¡Viendo La Gracia de Dios en Otros!

"Llegó la noticia de estas cosas a oídos de la iglesia que estaba en Jerusalén; y enviaron a Bernabé que fuese hasta Antioquía., y exhortó a todos a que con propósito de corazón permaneciesen fieles al Señor." (Hechos 11:22, 23)

Algo que siempre surge entro los hermanos en la fe, es el celo y la envidia. ¿Cual es la razón de porque se encuentra tanto de esto entre los siervos de Dios?

En mi experiencia de caminar con el Señor, he podido ver donde la envidia es tan feróz y divisiva y consecuentemente, causa mucho daño especialmente en los "nuevos" convertidos.

Parece ser que el destruir a otro hermano/a, o iglesia a través de critica, comparaciones, o estatus es la orden del día en la iglesia de nuestro Señor.

El Apóstol Pablo dijo que somos un cuerpo en Cristo. Todos tenemos y llevamos diferentes funciones dentro de Su cuerpo. Entonces mi pregunta es, ¿Porque la comparación y porque la competencia y porque la actitud de que "uno es mejor que el otro?"

Yo he visto donde esta actitud ha causado tanto dolor a la persona que critica y donde lo que la persona habla se le vuelve a el o ella, sobre su propia cabeza. ¡Dios no permitirá que Sus verdaderos siervos se salgan con la suya!

¡Viendo la Gracia de Dios en Otros!

Viendo la gracia de Dios en otras personas, no es algo que fluye de nosotros naturalmente. Es mas, nos cuesta aplaudirle a alguien por sus logros. Dar complementos y celebrar los éxitos de otras personas debe ser algo que voluntariamente hacemos.

A veces vemos a personas en una forma negativa y hasta deseamos cosas negativas sobre ellos, por ejemplo, el fracaso. Peor todavía es cuando deseamos que fracasen y nunca hagan nada bueno en sus vidas. ¡Esto de verdad es grave! Que Dios nos guarde de esta actitud.

Como podemos ver en la escritura en Hechos 11:22, 23, Bernabé al llegar de Jerusalén, vio lo que Dios estaba haciendo en Antioquia y se regocijo, **"Este, cuando llegó, y vio la gracia de Dios, se regocijó…"**.

¿Que de nosotros? ¿Nos regocijamos cuando vemos lo que Dios

esta haciendo en otra persona o nos llenamos de envidia o celo? Hay que evaluar esto seriamente.

Puntos de Impacto

- ¿Has visto *el celo* en ti? ¿Envidia?

- ¿Cuándo fue la última vez que te regocijaste por el éxito de alguien mas?

- ¿Cuándo fue la última vez que diste un buen complemento a otro cristiano?

- Pide a Dios que te de ojos para ver "la gracia de Dios" en otros.

18

¿Que Ambiente Estamos Creando?

"**Mientras oraba Esdras y hacía confesión, llorando y postrándose delante de la casa de Dios, se juntó a él una muy grande multitud de Israel, hombres, mujeres y niños; y lloraba el pueblo amargamente.**" (Esdras 10:1)

Meditando sobre la historia de Esdras y el avivamiento de reconstruir el templo y reordenar las leyes de Jehová, un ambiente de quebranto se empezó a formar en medio de ellos.

Es mi opinión que un ambiente como este del que hablamos es necesario para que Dios pueda manifestar Su presencia y dar revelación a todos los que buscan dirección de Dios.

Si el líder no presta atención a la presencia manifestada de Dios (si esta o no esta,) en medio de nuestro ministerio, ¿Entonces cual es la diferencia entre el cristiano verdadero y cristiano religioso?

¡Un Ambiente para Dios!

Un ambiente se debe crear – yo no creo que un ambiente es por casualidad. Si uno como líder desea ver personas llenas de fuego, el líder debe estar lleno de fuego. Si un líder desea ver una forma mas profunda en cuanto a la consagración, el líder debe vivir este estilo de vida primero.

La Biblia nos dice que Esdras oró al Señor haciendo, confesiones. ¿Que es lo que confesaba este siervo de Dios? Confesaba las violaciones y transgresiones del pueblo de Dios hacia Jehová Dios.

Tener una sensibilidad hacia el Espíritu Santo es primordial. Con un corazón sensible, uno puede sentir lo que Dios siente.

La segunda cosa que vemos en Esdras, es que el lloraba. Nada describe el clamor de un hombre y la carga que hay adentro, como el llanto do un corazón quebrantado. Estas características no se ven mucho en estos tiempos.

Y por último, Esdras se postro delante de la casa de Dios. A veces creo que si algo no cambie en nuestros hábitos espirituales, no veremos la gloria de Dios. Hay muchas cosas que se llevan acabo en nuestros cultos o servicios de adoración menos lo importante.

No se encuentra la oración, no se encuentran lágrimas, y muy pocas personas tienen la idea de lo que significa postrarse delante de Dios.

Hermanos me temo que el ambiente que la Biblia nos enseña, poco a poco, se nos esta acabando. Hay que guardar el patrón de Dios y ser atentos en crear un buen ambiente para darle gloria a Su Nombre!

Puntos de Impacto

☐ ¿Que tipo de ambiente estas creando en tu vida personal para con Dios?

☐ ¿Que tipo de ambiente estas creando en cuanto a tu ministerio?

☐ Caminas en arrepentimiento y quebranto diariamente?

☐ ¿Cuándo fue la última ves que derramaste lágrimas por romperle el corazón a Dios?

19

¡Orando Constantemente!

"Así que Pedro estaba custodiado en la cárcel; pero la iglesia hacía sin cesar oración a Dios por él." (Hechos 12:5)

Uno de los testimonios mas impactantes en toda la biblia se encuentra aquí en Hechos 12:5. El Apóstol Pedro estaba en la cárcel y parecía que el enemigo celebraba con gran victoria, pensando que la obra de Dios iba a terminar.

¡Ahora, a veces nos encontramos en situaciones donde parece ser que el fin ha llegado! No se si usted a pasado por este camino de desesperación – y si todavía no, tarde o temprano tendrá que pasar por esta enseñanza. ¡Usted sabe bien de lo que estoy hablando – el lugar donde no hay salida y nadie humanamente que nos ayude – donde la única esperanza es nuestro Dios!

¡Oración Sin Cesar!

Ahora bien, la escritura nos dice que, **"la iglesia hacia sin cesar oración a Dios por el [Pedro]."**

Al parecer, en lo natural, la situación se veía imposible para Pedro, ¡pero la iglesia hacia oración sin cesar! ¡Esto cambiará todo en cualquier situación! La oración a Dios no tiene limitaciones. ¡La oración a Dios es mas potente que un ejercito de diez mil soldados! ¡Alabado sea Jehová de los ejércitos!

Creo que muchas veces, nosotros como lideres en el ejercito del Señor, nos desanimamos porque no se ven resultados rápidos. Ahora bien, la escritura dice que la iglesia oraba sin cesar – o sea, ¡tiene que haber consistencia y perseverancia!

Dios es fiel en cumplir lo que nosotros sus siervos pedimos; nuestra parte siempre será creerle a Dios y esperar hasta que Dios se mueva en su tiempo.

¡Querido líder de Dios, nunca te apartes de la presencia de Dios! La paga de hacer esto tendrá graves consecuencias en tu vida, tu familia y ministerio. Aunque pasar tiempo en oración no es lo mas codiciado o lo mas fácil para hacer, es el ejercicio mas importante en la caminada con Dios.

Si eres pastor, líder, o cualquier sea tu ministerio, has lo posible de formar un hábito de tener una vida de oración. No es suficiente solo orar en publico; ¡el siervo de Dios será formado o forjado en su oración personal y privada!

Puntos de Impacto

- ¿Cuales son tus retos mayores en estos tiempos?

- ¿Has perseverado en estas pruebas o te has dado por vencido?

- ¿Que significa "orando sin cesar" para ti?

- Tienes un hábito de una vida de oración? ¿Ya lo formaste?

20

¡Escudriñando!

"Inmediatamente, los hermanos enviaron de noche a Pablo y a Silas hasta Berea. Y ellos, habiendo llegado, entraron en la sinagoga de los judíos. Y éstos eran más nobles que los que estaban en Tesalónica, pues recibieron la palabra con toda solicitud, escudriñando cada día las Escrituras para ver si estas cosas eran así." (Hechos 17:10, 11)

Si hay algo de suma importancia en la vida de un siervo de Dios, es el apetito por la Palabra de Dios. El ministerio es mucho mas que orar por las necesidades de la iglesia; es mas que ayudar al necesitado también.

El ministerio de Dios también se trata de leer y estudiar la Palabra de Dios. Escudriñar la Palabra de Dios es un arte que muchos no practican en estos días. ¡La emoción de estar en el equipo de oración o en el equipo de alabanza, se ha vuelto mas importante para muchos, que ser estudiantes de la Palabra de Dios!

¿Ahora escudriñar las escrituras significa que? Para empezar la palabra *escudriñar* significa: *Examinar algo con mucha atención, tratando de averiguar las interioridades o los detalles menos manifiestos.*

Al escudriñar las escrituras entonces significa que uno debe examinar con mucha atención, y tratar de averiguar las interioridades de lo que esta escrito. O sea, ¿que es lo que Dios me está comunicando a mi vida a través de lo que estoy leyendo?

Escudriñar las Escrituras no es algo que se hace rápido; escudriñar lleva con si, la idea de masticar despacio lo que uno esta leyendo. Escudriñar significa tomar tiempo para descubrir el detalle de lo que Dios quiere decirnos en la porción de Escritura.

La Biblia dice que los de **"Tesalónica, pues recibieron la palabra con toda solicitud, escudriñando cada día las Escrituras para ver si estas cosas eran así."** Yo creo y he visto que el pueblo de Dios siempre batalla doctrinalmente con verdades presentes por razón de que no hay estudiantes que puedan escudriñar lo que Dios dice a Su iglesia.

Muchos interpretan las Escrituras basadas en sus opiniones propias; otros básan sus enseñanzas en los estudios o creencias de otros. Muy pocos hacen la ardua tarea de escudriñar lo que Dios dice.

Mis amados, quiero terminar con esto: Si uno no estudia o escudriña las verdades de Dios que se encuentran en Su Palabra, entonces alguien mas te va a enseñar una mentira.

Puntos de Impacto

- ¿Cuanto tiempo pasas meditando en la Palabra de Dios?

- ¿Has aprendido a escudriñar las Escrituras?

- ¡Los secretos de Dios se encuentran en el detalle!

- Nunca dejes que tus opiniones o preferencias vayan contra las intenciones de Dios y lo que Dios quiere comunicarte a ti.

21

¡Más Exactamente!

"Llegó entonces a Éfeso un judío llamado Apolos, natural de Alejandría, varón elocuente, poderoso en las Escrituras. Este había sido instruido en el camino del Señor; y siendo de espíritu fervoroso, hablaba y enseñaba diligentemente lo concerniente al Señor, aunque solamente conocía el bautismo de Juan. Y comenzó a hablar con denuedo en la sinagoga; pero cuando le oyeron Priscila y Aquila, le tomaron aparte y le expusieron más exactamente el camino de Dios." (Hechos 18:24-26)

Aquí encontramos uno de los testimonios mas hermosas en toda la Biblia en cuanto a lo que es la iglesia trabajando para un solo propósito.

El propósito de la iglesia es de presentar el evangelio de las buenas nuevas en su plenitud a todo aquel que no ha escuchado el mensaje del reino de Dios.

Ahora dice la Biblia que había en Éfeso un judío llamado Apolos. También nos dice que este hombre era elocuente y poderoso en las Escrituras. El ya había sido instruido en el camino del Señor, pero no había madurado en muchos aspectos de las Escrituras.

Cuando los siervos del Señor Priscila y Aquila le escucharon predicar, **"le tomaron aparte y le expusieron mas exactamente el camino de Dios."** Algo que tenemos que tomar en cuenta es que ellos no lo criticaron o descartaron. Lo único que hicieron es que lo tomaron aparte y le expusieron mas exactamente el camino de Dios.

Hermanos, tenemos que llegar a este punto en nuestras vidas donde vemos la gracia de Dios en otros. No ser tan rápidos para criticar o descartar la obra que Dios a empezado en otras personas.

También creo que el discipular a las personas que acaban de entrar al reino de Dios, es de suma importancia. Esta es la gran comisión de nuestro Señor Jesucristo por años. Nosotros Sus siervos tenemos esta responsabilidad sobre nuestras cabezas por todo el tiempo que estemos aquí en esta tierra. ¡Esta generación es nuestra responsabilidad!

Puntos de Impacto

- ¿Cuándo fue la última vez que ayudaste a un siervo conocer el camino de Dios mas ampliamente?

- ¿Cuándo fue la última vez que criticaste a un siervo de

Dios?

- Todo siervo de Dios debe estar envuelto en la vida de tres (3) personas:
    - Ayudar a un recién convertido a crecer en la fe.
    - Tambien hay que tener una persona en tu vida que este a tu nivel, para tener compañerismo.
    - Pide a Dios por una persona mas madura que tu, para que te enseñe "mas exactamente el camino de Dios."

- ¡Esta generación es tuya…trabájala!

22

¡Milagros Extraordinarios!

"**Y hacía Dios milagros extraordinarios por mano de Pablo, de tal manera que aun se llevaban a los enfermos los paños o delantales de su cuerpo, y las enfermedades se iban de ellos, y los espíritus malos salían.**" (Hechos 19:11, 12)

A pesar de que "los milagros" no son el todo de todo - los milagros todavía tienen su parte en la vida del siervo de Dios. Es mas, nunca debemos de criticar, disminuir o desanimar a cualquier siervo de Dios que desee ver el poder de Dios manifestarse en su vida. El poder de Dios se necesita ver a través de las manos de Sus discípulos.

Cuando un siervo de Dios no dá testimonio de una vida llena de milagros a través del Espíritu Santo, la credibilidad queda en cuestión.

Ahora yo se que muchos no son fanáticos de los milagros y hasta dudan de lo que Dios todavía puede hacer. La persona que hace milagros no siempre son las del mejor carácter por decir, pero éstas personas están llenas de fe y muchos se benefician de una persona llena del don de fe.

Ahora cuando pones esta verdad sobre la mesa, descubrimos que la mayoría de los creyentes hoy, viven vidas apagadas, religiosas y dan poco testimonio que Jesucristo vive en ellos. Esto se puede ver en la vida de muchos creyentes.

Cuando un creyente empieza a manifestar el poder de Dios, esto lo destaca entre las personas que le ven. También, cuando un siervo de

Dios empieza a manifestar milagros, cualquier persona que lo vea, dirá, "El poder de Dios está en el o ella."

Quiero concluir con diciendo que Pablo en 1 Corintios 12:31, nos dice, **"Procurad, pues, los mejores dones."** El punto no es de dejar de hacer los milagros de Dios, pero "procurad" los mejores dones.

Será así, ¡como la gente que nos rodea, experimentarán la presencia manifestada de Dios en medio de ellos! Si no hay manifestación de un Cristo vivo en nosotros, entonces todo lo que tendremos, ¡será una religión vacía!

Puntos de Impacto

- ¿Cuándo fue la ultima vez que hiciste un milagro de sanidad?

☐ ¿Crees que Dios puede hacer milagros hoy?

☐ ¿Estas buscando que Dios te use con milagros extraordinarios?

☐ ¿Deseas de todo corazón ministrar en el poder de Dios?

23

¿Puedes Ver el Fin de Tu Prueba?

"Mas él conoce mi camino;
Me probará, y saldré como oro." (Job 23:10)

Creo que a veces es un poco difícil de explicar porque Dios nos permite pasar por diferente pruebas y adversidades. Las pruebas tienen algo en común, no suceden cuando uno esta preparado para ellas; casi siempre suceden cuando estamos desprevenidos. Usted sabe de lo que hablo.

El caminar con Dios siempre ha sido el reto mayor de todo obrero. ¡O sea, las excusas para no seguir sobre abundan! Siempre hay diez razones por que ya no queremos seguir en la obra del Señor. Y otra cosa también, todas las excusas suenan perfectas y nos justificán a dejar todo.

Muchas veces he visto y experimentado el dolor y el quebranto de lo que Dios esta haciendo. Yo se que Dios no es cruel, yo se que Dios no es aprovechado, yo se que Dios no está contra mi; ¡yo se que Dios no esta jugando conmigo o burlándose de mi!

¿Entonces que es lo que Dios esta haciendo alrededor de mi o adentro de mi?

Job pasó por unas pruebas graves; pruebas que no todos gradúan de ellas. No era fácil vivir lo que Job vivió. Como dicen muchos, ¡el mundo se le vino abajo! Todos sus sueños se volvieron pesadillas; todos sus deseos se volvieron en pensamientos vacíos; todas sus ambiciones se convirtieron en vanidad. Esto es lo que Dios opina de nuestros planes, deseos y ambiciones.

¿Puedes Ver Lo Que Dios Esta Haciendo?

Muchos no ven el fin de sus pruebas y tampoco ven lo que Dios esta haciendo en ellos. ¡Esto que de verdad, si es grave!

Necesitamos entender que Dios obra adentro, en el fondo del corazón de aquel que El ama. Es aquí donde el ministerio del Señor nace y se forma. Dios quiere que cultivemos todo lo que el hace en nosotros – tarde o temprano esto se convierte en ministerio para servir a otros. ¿Lo puedes percibir?

Después de todo lo que Job había sufrido, nos confirma su sentir y nos dice, **"Mas él conoce mi camino; Me probará, y saldré como oro."**

Job entendió por fin de que Dios no estaba contra el, mas Dios estaba produciendo un glorioso testimonio en Job. Job dijo, **"Me probará y saldré como oro."** Amen.

Puntos de Impacto

- ¿Puedes reconocer las pruebas que llegan a tu vida como enseñanzas de Dios?

- ¿Ves la mano de Dios en tu prueba?

- ¿Cual ha sido tu actitud después de una prueba? ¿Contigo mismo? ¿Con tu familia? ¿Con las personas a las que sirves en tu ministerio?

- Puedes ver el fin de lo que Dios esta hacienda en ti?

24

¿Ligado en Espíritu?

"Ahora, he aquí, ligado yo en espíritu, voy a Jerusalén, sin saber lo que allá me ha de acontecer; salvo que el Espíritu Santo por todas las ciudades me da testimonio, diciendo que me esperan prisiones y tribulaciones." (Hechos 20:22-23)

Vivir una vida "ligada" a Dios es lo máximo para todo siervo que sigue la voluntad del Padre. Que uno pueda vivir sin reservación alguna para con Dios, creo yo que esto, es la forma mas libre de vivir en el Reino de Dios.

Muchos obreros de Dios nunca llegan a la cima de sus vidas en su servicio a Dios por esta razón – no quieren ir a donde Dios los desea enviar. Esto de verdad que si es un reto para todo seguidor de Cristo. Por eso Jesucristo hizo énfasis en todo aquel que deseaba seguirlo, escuche: **"Y decía a todos: Si alguno quiere venir en pos de mí, niéguese a sí mismo, tome su cruz cada día, y sígame."** (San Lucas 9:23) Es imposible querer seguir a Jesucristo sin hacer estas tres cosas: ¡negarse a si mismo, tomar su cruz y seguirlo!

¡Ligado!

Una persona ligada es una persona totalmente sumisa a la persona que le dirige. ¡Pablo era un esclavo de Jesucristo cien por ciento! No había campo en el corazón de Pablo para nada mas. ¡Jesucristo era todo para el! Mis amados, este es el llamado supremo de Dios en Cristo Jesús.

Cuando una persona es totalmente entregada a el Espíritu de Dios, no teme a lo desconocido, ni tampoco camina en temor. La vida dirigida por el Espíritu de Dios, es una vida que no ve limitaciones y no deja de fluir hasta que toda la voluntad de Dios se haya cumplido.

Esta es la razón de porque muchos siervos de Dios nunca reposan y nunca se ven agotados. La vida que fluye en ellos parece ser perpetua, algo sin fin. Hermanos, esta es la vida de Dios en nosotros. ¡El Apóstol Pablo vivió este tipo de vida y nunca se quejo del plan que Dios tenia para el!

Caminando con el Espíritu Santo es lo mismo que caminar en los pasos de Jesucristo. Donde quiera que el Espíritu Santo nos diriga - ahí es donde Dios nos necesita o nos quiere. Hay que nunca perder esta pasión personal de estar "ligados" al Espíritu de Dios.

Puntos de Impacto

- ¿Acaso has tu experimentado en tu caminada con Dios, lo que significa estar "ligado" a Su Espíritu Santo?

- Describe tu experiencia de estar tan entregado al mover de Su Espíritu y cuales fueron las cosas mayores que produjo en ti.

- A veces el Espíritu de Dios no nos lleva a donde nosotros queremos ir, sino que nos lleva a donde El quiere que Su nombre reciba mas gloria.

- El único galardón que Dios tiene para nosotros es el de nuestra obediencia a Su voluntad. ¡Muchos todavía buscan galardones tangibles y prosperidad externa para poder creer!

25

¡Lagrimas!

"Por tanto, velad, acordándoos que, por tres años, de noche y de día, no he cesado de amonestar con lágrimas a cada uno..." (Hechos 20:31)

Al estar leyendo sobre esta última visita del Apóstol Pablo con los hermanos de Éfeso, me toca profundamente el corazón. Me la pase meditando en como este siervo de Dios lo dio todo por la iglesia del Señor Jesucristo.

Pablo tenia el discernimiento y dijo que cuando el se fuera de ahí, el enemigo trataría de destruir lo que Dios había establecido – para esto, el Apóstol Pablo los amonesta con mucha pasión y con lagrimas.

La Biblia aquí en Hechos 20:31 nos dice que **"por tres años, de día y de noche"** Pablo los amonestaba por lo que venia como prueba.

Me pregunto yo, cuantos, de nosotros como siervos de nuestro Señor Jesucristo, ¿pasamos tiempo en intercesión por los hermanos, por las iglesias, y por las situaciones que nos rodean en nuestra nación?

El Apóstol Pablo nos enseña con su propia vida como ejemplo, de lo que todos nosotros que caminamos con Dios y le servimos, debemos actuar en nuestro tiempo privado de intercesión en la presencia de Dios.

¿Porque con Lagrimas?

Yo no se la razón de porque personas claman a Dios con lagrimas y cual es el motivo con el que ellos lo hacen, pero yo conozco el motivo con el que yo lo hago.

Para poder entender el clamor de un hombre de Dios, tenemos que conocer la vida de intimidad que ese hombre a desarrollado con Dios. Cuando un siervo de Dios paso tiempo de intimidad con Dios, es inevitable que ese hombre no este quebrantado delante de la presencia de Dios por la vida de otras personas.

Tal ves tu como siervo no has entrado a este nivel de intercesión, pero cuando pases tiempo de intimidad con Dios, las lagrimas fluirán como ríos de tus ojos. La razón es porque tu corazón vé y siente la compasión de Dios sobre la situación.

¡Dios Necesita Mas Intercesores!

Cuando pasamos tiempo con personas que caminan con Dios, y cuando dedicamos tiempo en intercesión por sus vidas, esto produce una transformación en nosotros y nos alinea con las vidas de esas personas en una forma especial.

La intercesión también nos dá una cierta perspectiva de como Dios vé a la persona y su situación personal. Cuando vemos esto, podremos orar la perfecta voluntad de Dios sobre ellos. Amen.

Puntos de Impacto

☐ ¿Que significa intercesión o interceder por otra persona?

☐ Interceder significa *hablar en favor de alguien para conseguirle un bien o librarlo de un mal.* En el caso de la intercesión espiritual – uno busca el bien que Dios tiene para otra persona.

- ¿Cuanto tiempo dedicas en intercesión durante tu tiempo privado con Dios?

- La mejor manera de prepararte para interceder es tomando el tiempo para hacer una lista de todas las personas por las que quieras interceder. Luego ya que hagas tu lista, clama a Dios por ellas (una por una) y luego espera en Dios que te de "palabra" para esas personas por las que estas intercediendo.

Información de Ministerio

Para obtener mas información sobre el ministerio de Masterbuilder Ministries, Inc., prédicas, seminarios de liderazgo, conferencias o instituto Biblico, favor de escribir a nuestro correo electrónico a David Mayorga:

david_mayorga@sbcglobal.net

mayorga1126@gmail.com

Para visitar nuestro Sitio de Internet:

www.masterbuildertx.com

Nuestras Oficinas Están Ubicadas en

Masterbuilder Ministries, Inc.

3833 N. Taylor Rd.

Palmhurst, TX 78573

Volumen 2

Volumen 2

Volumen 2

www.ingramcontent.com/pod-product-compliance
Lightning Source LLC
Chambersburg PA
CBHW071003080526
44587CB00015B/2324